何以华夏

画说彩陶上的文明密码

周凡舒 著

河南美术出版社
·郑州·

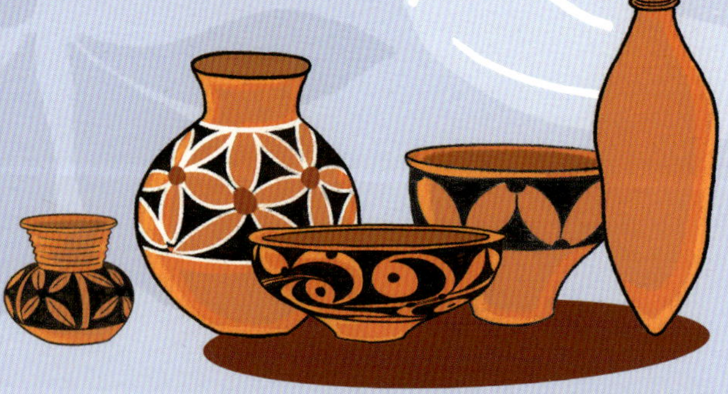

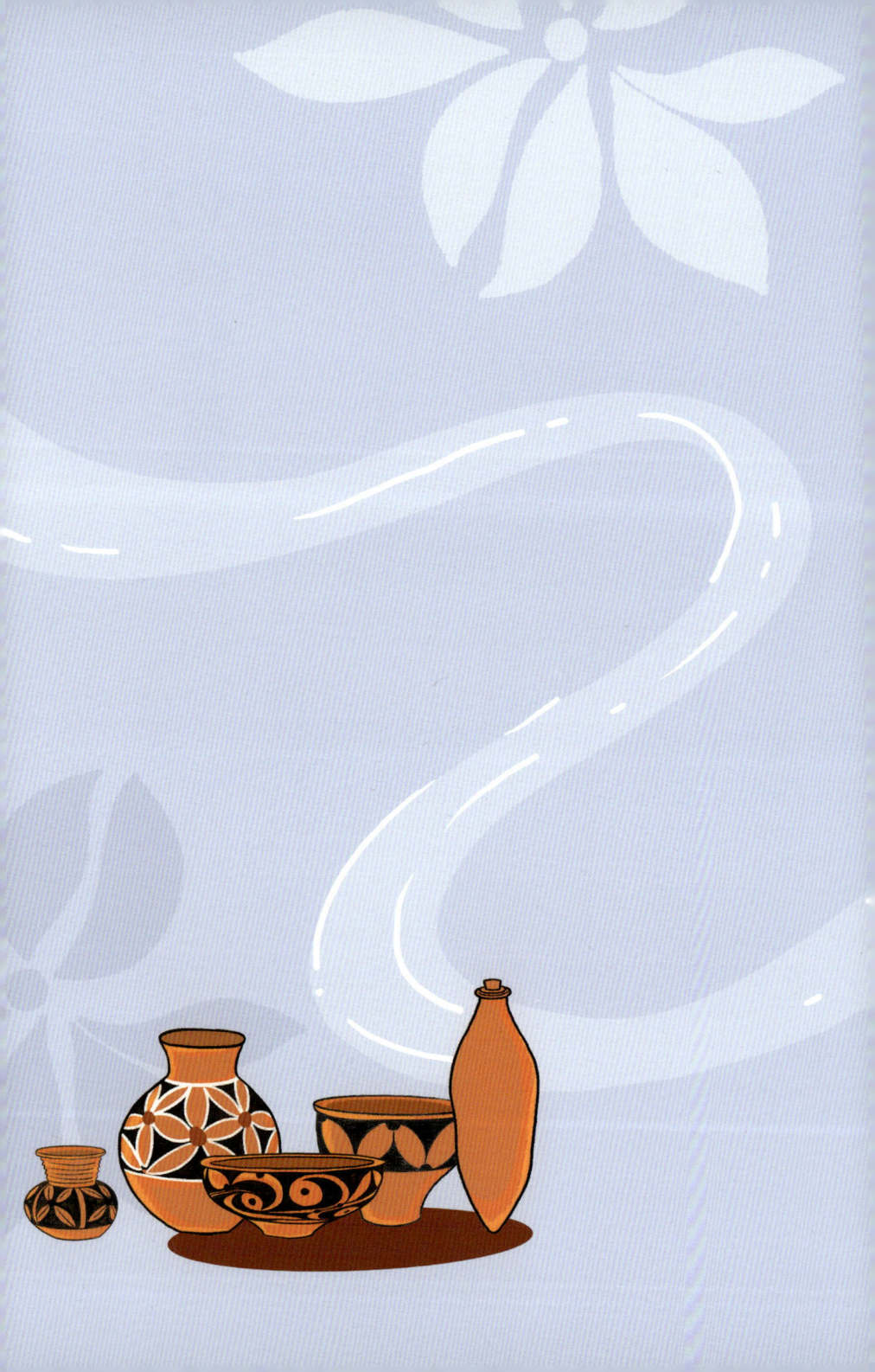

别样的仰韶考古画卷

我们许多人都听说过仰韶文化，读到过各类仰韶文化的相关著作，不过这一本却显得非常不同。现在呈现在我们面前的是漫画仰韶，通过漫画形式普及仰韶考古知识，是一种全新的尝试。在本书的创作阶段我就有机会读到书稿，为耳目一新的图文所感动，为作者和出版社的用心而叫好。这是一幅别样的仰韶考古画卷，生动，新鲜，亲切，感人。

这本漫画设定的读者对象主要是少年儿童。要将冷僻艰深的考古知识普及给低幼儿童，漫画也许是最好的方式。画面生动，文字也特别考虑到儿童的理解程度，非常走心。这为考古的低幼普及工作，又开拓出了一条小中见大的路径。

当然，本书除了适合儿童阅读，也适合那些不甚了解又渴望了解仰韶的成年人。品味书里精心铺陈的画与文，心中一样会留下非常深刻的印象。

创作者周凡舒，是河南美术出版社发掘出来的一位徐州青年漫画家，近年已经出版有《国宝有画说》的系列漫画，成功普及汉画知识，产生了很大的影响。这一次得知河南美术出版社酝酿漫画仰韶的计划后，周凡舒与出版社编辑心有灵犀，一拍即合，很快行动起来。编辑与作者密切合作，边阅读边构思，边作文边绘画，反复修改提升，很快呈现出这样一本令人深深感动的作品。

行世的漫画有许多流派，在讽刺与幽默之外，现在又有了考古文物知识普及这一新流派，我们盼着它茁壮成长，由小苗长成一棵顶天立地的大树。

王仁湘

中国社会科学院考古研究所研究员

彩陶绘中华童年梦

彩陶是人类进入新石器时代的一项重要发明,更是仰韶时代的标志,中国考古学文化被世界关注,与其说是因为一百年前的中国诞生了考古学,倒不如说是因为仰韶村考古发现的彩陶。

仰韶先民五千年前在中原大地上掀起的那场波澜壮阔的艺术浪潮,使寄托了仰韶信仰的"花瓣纹"彩陶随其流而扬其波,将北抵阴山、南至长江、东到海滨、西越陇山广域范围内的先民心心相融,形成了世界上最大的考古学文化体系,这种"文化共识",为一个前所未有的文明共同体——中华文明的形成奠定了坚实的基础。

周凡舒,这个立志做一名讲好中国故事的"孩子王",动中窾要,她以仰韶彩陶为着力点,用丰富的考古材料、富有感染力的笔触和形象生动的画面,使孩子们对中国的童年时代形成了充满趣味的想象。

王炜林

中国考古学会新石器时代考古专业委员会副主任委员

何以华夏？何以中国？
你有没有好奇过我们为什么被称为"华夏民族"？
我们为什么被称为"炎黄子孙"？
听说解读这些答案的密码就在那一片片尘封已久的陶片上……

中国，是一个在"花"中盛开的国家。
她从三门峡的庙底沟开始绽放，
距今已经有 6000 多年了……
我们"中华民族"的由来，便是从这里开始……

目 录

一、仰韶是什么　　1
　　仰韶是什么　　2
　　中国现代考古开始啦　　4
　　仰韶文化的范围有……那么大　　7
　　被挖出来的瓶瓶罐罐　　8
　　你发现了吗？裂纹　　14
　　仰韶彩陶的生日　　16
　　差点就错了　　18

二、吃喝玩乐在仰韶　　23
　　可以吃些什么呢？　　24
　　最爱的主食　　28
　　小米的身世之谜　　30

史前粮食保卫战 32
改善伙食的 N 种办法 42
令人沉醉的饮品 50
为友谊干杯 60
可以穿些什么呢? 64
小小饰品真好看 70
可以住在哪里呢? 72
烧出来的房子 74
盖一间半地穴式房屋 76
史前"打火机" 78
可以玩些什么呢? 80
中国最早的乐器 82

三、彩陶的前世今生 85
泥巴的神奇变身 86
彩陶出现啦! 88

画了些什么呢?	92
半坡小鱼变变变	94
隐形的翅膀	98
隐身术	100
你发现了吗?方向	102
庙底生花	104
当神话照进现实	106
华夏民族诞生啦!	110
我们都是花人	112
龙的传人	114
彩陶的小秘密	119
彩陶也有小缺点	120

四、彩陶创想游戏　　123
跟着古人画彩陶	124
化身彩陶设计师	128

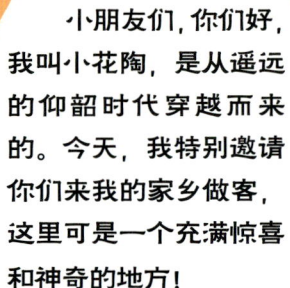

小朋友们,你们好,我叫小花陶,是从遥远的仰韶时代穿越而来的。今天,我特别邀请你们来我的家乡做客,这里可是一个充满惊喜和神奇的地方!

想知道7000—5000年前的我们到底吃什么、穿什么、玩什么吗?快跟我一起去看看吧!

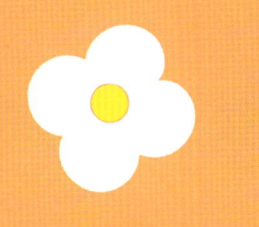

一、仰韶是什么

仰韶是什么

仰韶村是我国北方一个普通的小村庄,它位于黄河之畔的河南省三门峡市渑池县。

距今 7000 年前，我们的祖先就已经生活在这片土地上了。

住在这里每天都可以仰望到韶山，咱们家就叫仰韶村吧。

我喜欢这个名字！

后来，一个外国人的到来让这里变得不再普通，甚至让"仰韶"这个名字响彻海内外！他是谁呢？

中国现代考古开始啦

瑞典地质学家 安特生

1921年,来自瑞典的地质学家安特生和他的中国同事们来到了仰韶村。

第一次发掘地——仰韶村

在这里,他们发掘出了大量的新石器时期的陶片和石器。从此,中国有了自己的现代考古学。这被称为中国现代考古学历史上的"第一铲"。

这一发现的意义是相当重大的!因为在此之前很多人并不承认中国有石器时代存在。这次仰韶村的发现不仅证明了中国有石器时代存在,而且当时的先民们生活得还不错呢!

安特生便以发现地仰韶村的名字为这处遗址命名,从此,这里便成了举世闻名的"仰韶村遗址",中国有了第一个史前文化——"仰韶文化"。

全国重点文物保护单位
仰韶村遗址

考古学中习惯以某个文化首次发现地的地名为这个文化命名。

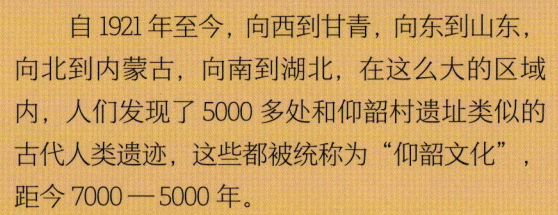

自1921年至今，向西到甘青，向东到山东，向北到内蒙古，向南到湖北，在这么大的区域内，人们发现了5000多处和仰韶村遗址类似的古代人类遗迹，这些都被统称为"仰韶文化"，距今7000—5000年。

> 我开始还以为仰韶文化只有我们仰韶村一处呢！

黄

青海省

宁夏回族自治区

甘肃省

陕西省

仰韶文化范围

这些遗迹主要分布在：陕西、山西和河南三个省份。

方位口诀：
上北下南，
左西右东。

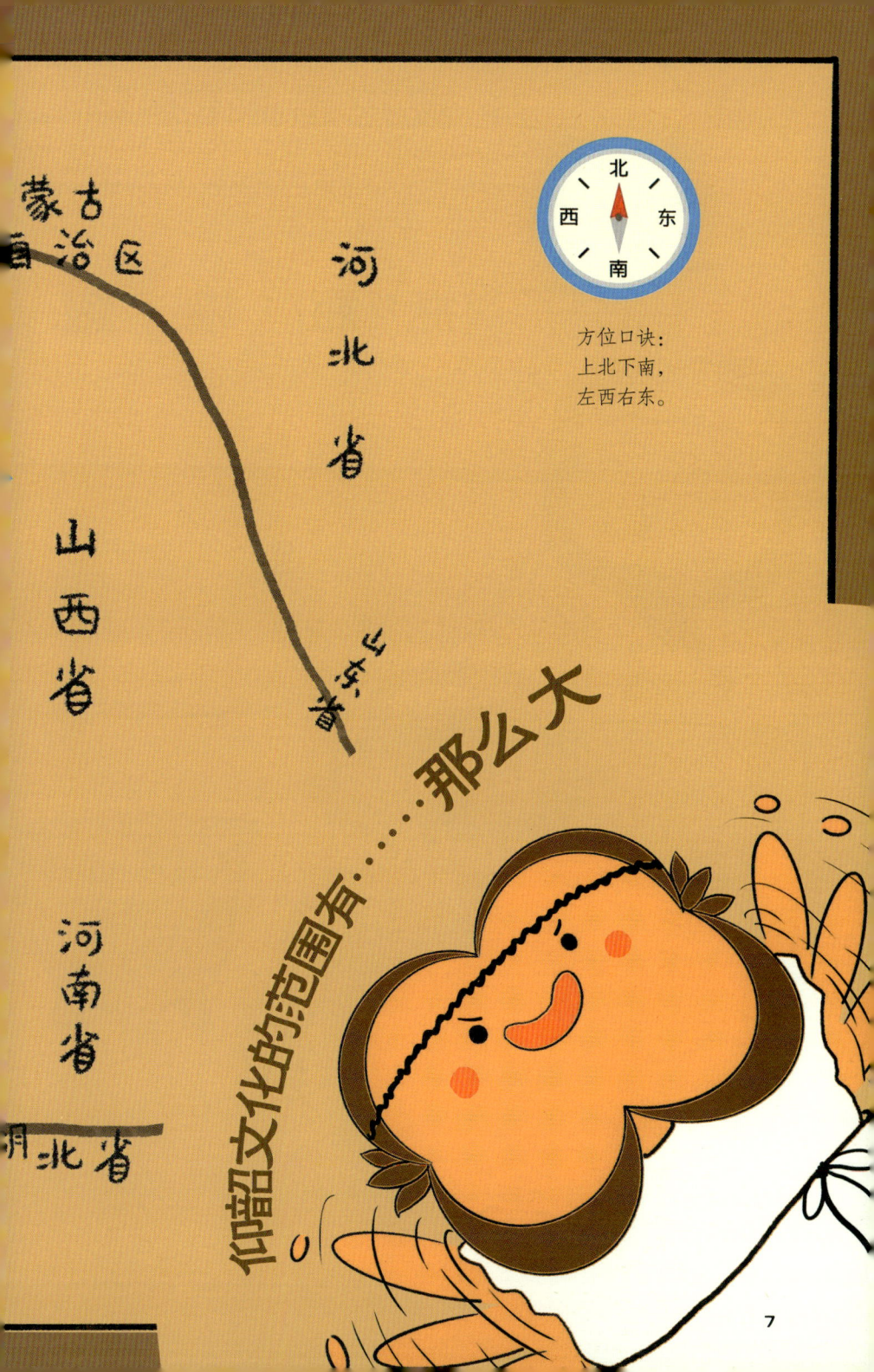

蒙古自治区

河北省

山西省

陕西省

河南省

湖北省

仰韶文化的范围有……那么大

被挖出来的 瓶瓶罐罐

炊具有哪些?

仰韶文化中最具代表的就是彩陶了,以至有一段时间,仰韶文化也被叫作"彩陶文化"。彩陶就是一种带有彩绘花纹的陶器,是仰韶时期人们最常用的生活用具之一。

当时的"锅"——陶鼎,是从没有足的釜演变而来的。

fǔ
釜

dǐng
鼎

可以煮水、煮粥、煮肉。

zèng
甑

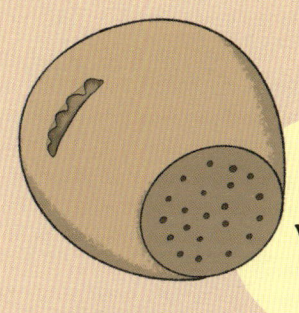

底部有许多小孔，用来蒸食物。

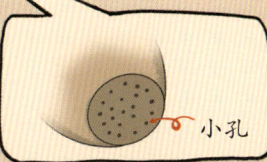

← 小孔

ào
鏊

用来烙饼。

釜 →

← 灶

táo fǔ zào
陶釜灶

一些炊具在制作时，会在泥土中掺入沙子，叫作夹砂陶。这一制作方法可以增强陶器的受热程度，使其在长时间的高温烧煮中不易开裂。

餐具有哪些?

当时的餐具多以泥质红陶为主。

**chā
叉**

骨头制作的叉子。

**wǎn
碗**

用来盛食物。

**pén
盆**

**bō
钵**

钵的形状似碗,但有凸出的腰部,这个设计可以使饭菜保温、汤水不易流出。

yí
匜
注水器具。

用匜倒水，盘子接水。

鋬 pàn：器物上供手提拿的部分。

bēi
杯
用来盛酒或水。

带盖子的

带把手的

sháo
勺
勺子。

dòu
豆
类似高脚的盘子。

11

储存器具有哪些?

这些用来储存粮食和水的陶器,个头都不小。

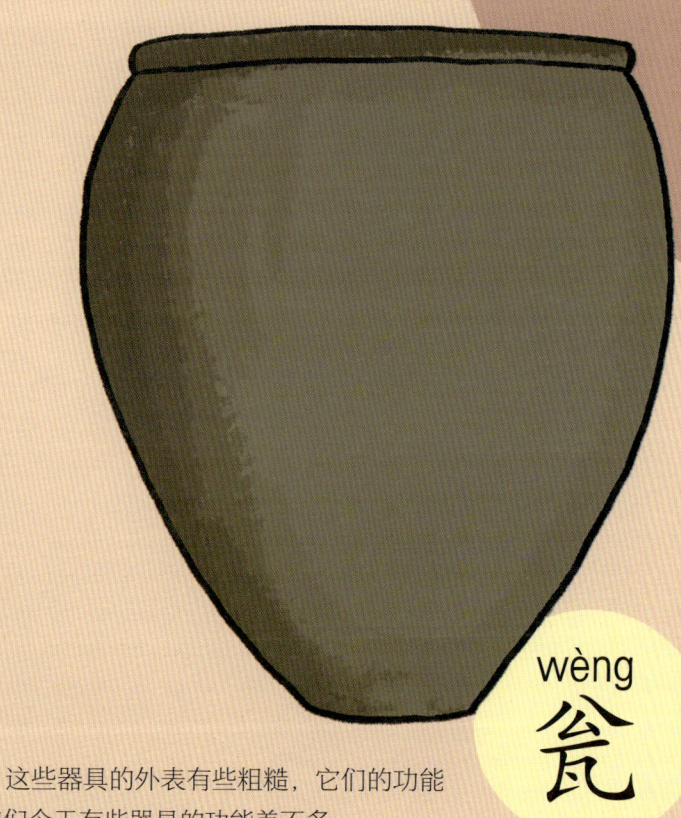

wèng
瓮

这些器具的外表有些粗糙,它们的功能跟咱们今天有些器具的功能差不多。

hú
壶

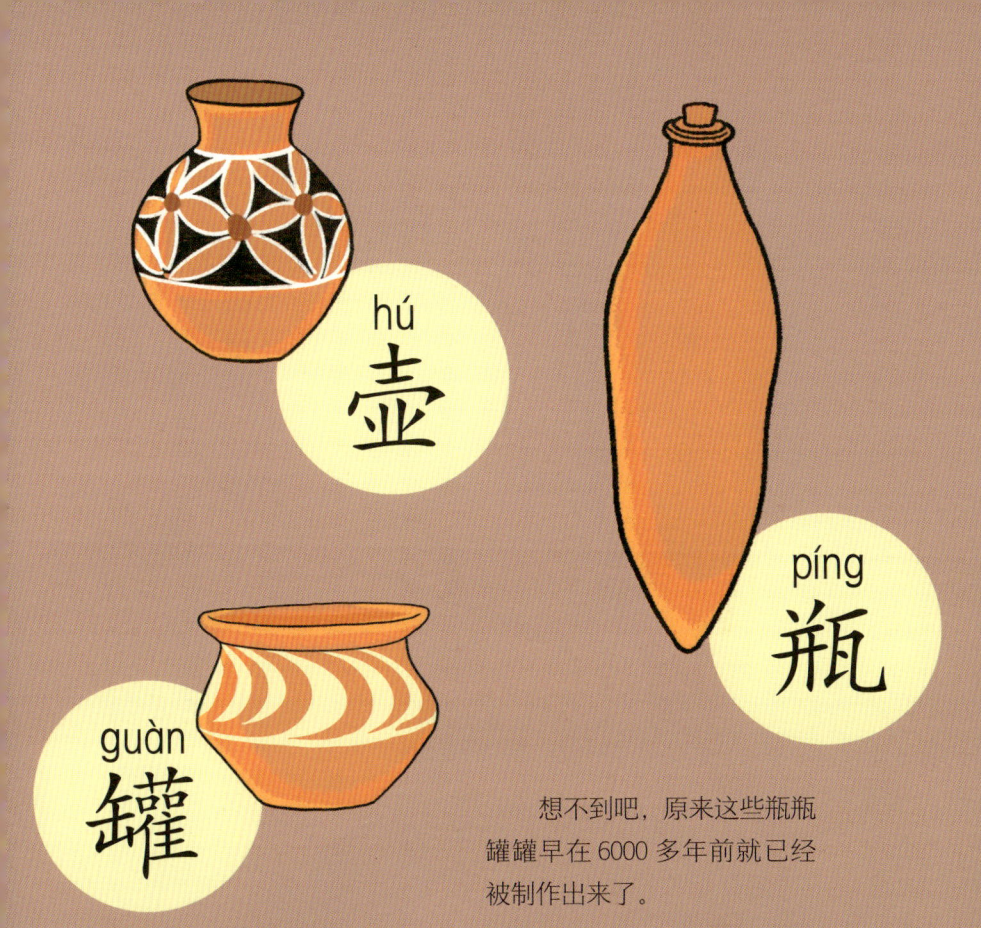

píng
瓶

guàn
罐

想不到吧,原来这些瓶瓶罐罐早在 6000 多年前就已经被制作出来了。

hé
盒

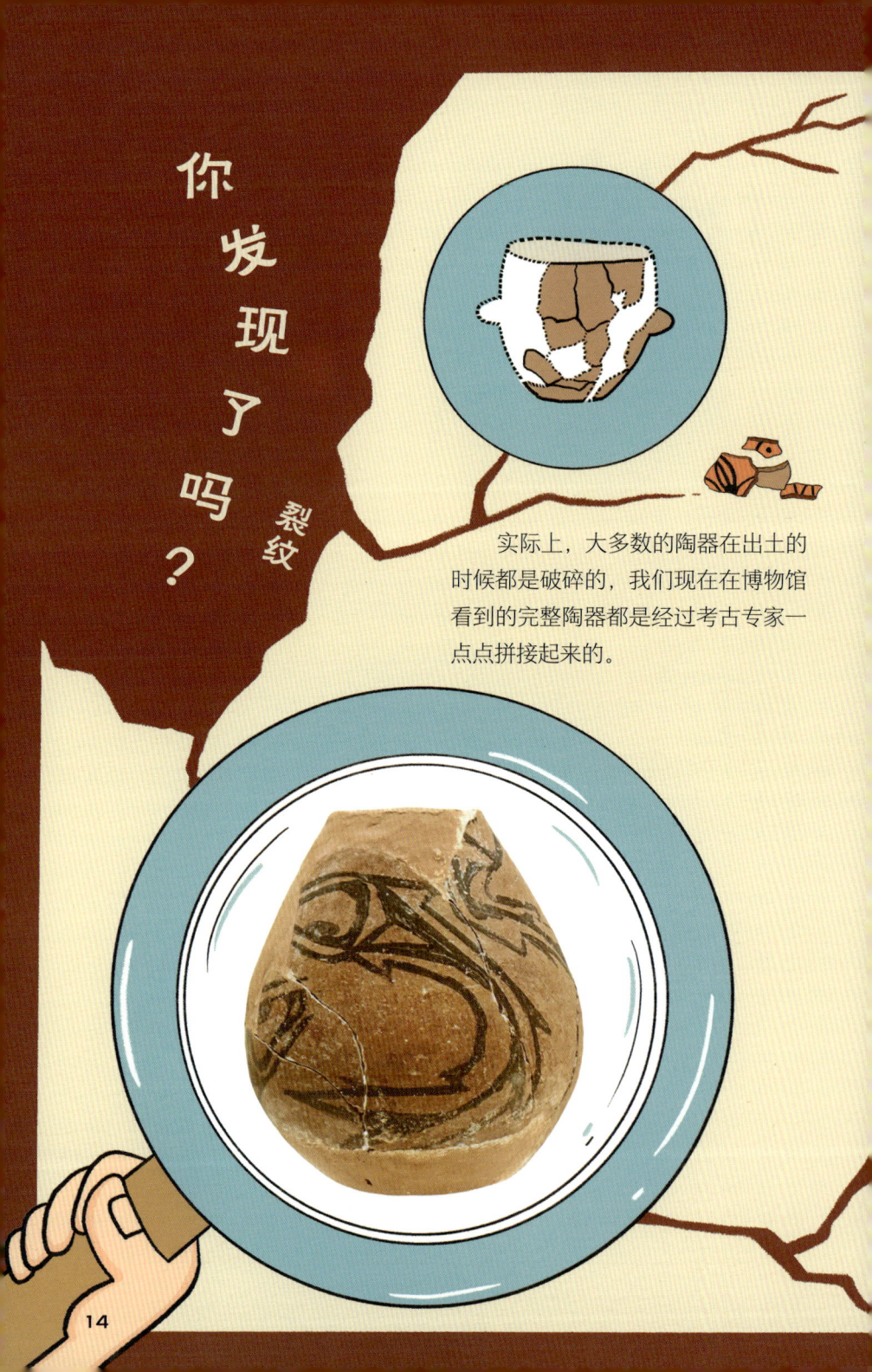

你发现了吗？

裂纹

实际上，大多数的陶器在出土的时候都是破碎的，我们现在在博物馆看到的完整陶器都是经过考古专家一点点拼接起来的。

考古发掘与文物保护的复原工作就像侦探破案一样，需要根据发掘到的线索，加上合理的推测，才能真实地还原出文物本来的样子。这项工作不仅需要过硬的知识储备，还非常考验人的耐心和细心。

仰韶彩陶的生日

早 中 晚

考古工作者根据彩陶出土的年代，把仰韶文化分成了早、中、晚期。

晚期	5500年—5000年
中期	6000年—5500年
早期	7000年—6000年

三看：地层

二看：花纹

一看：器型

晚期：西王村文化时期

中期：庙底沟文化时期

辨别彩陶时期，主要看三个方面：

早期：半坡文化时期

5500年—5000年
6000年—5500年
7000年—6000年

地层，就是不同时期形成的不同的土层。正常情况下：埋在下面的就是比较早的，埋在上面的就是比较晚的。

别挤我!

我要掉下去了!

别压我!

但是,地层之间也会因为种种原因发生错位的情况,导致本来在最上面的地层掉到了最下面。

地震了吗?

听说考古专家已经找到你的出生日期啦!

那么如何把原本的地层区别出来,就形成了一门学科,被称作**地层学**。

6000岁

7000岁

年龄越大,负担越重!

8000岁

差点就错了

仰韶文化被发现之后,一个巨大的疑问和争论也随之而来:

仰韶文化从哪儿来?
它的源头在哪儿呢?

原来,6000多年前,

欧洲

东西方国家之间就已经有了一条神秘的"彩陶之路"。

> 仰韶村出土的彩陶与之前欧洲出土的彩陶很像。

彩陶之路是丝绸之路的前身?

我来自土耳其。

我来自中国。

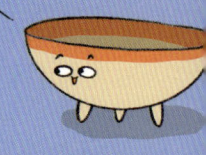

亚欧大陆早期彩陶分布示意图

哈吉拉尔地区彩陶 → 老官台文化彩陶

非洲　亚　洲

所以，我认为中国的文化是从西方国家传过来的。

什么？

中国

安特生根据彩陶上的花纹和对制作工艺的对比，得出了"仰韶文化"是从西方传入中国这一结论。

这一结果一经公布，立刻引起了中国社会的巨大轰动。

中国文化真的是从西方传来的吗？

中国考古工作者经过多年的挖掘与论证推翻了"中国文化西来说"。

啊！

不是的！！！

"中国文化西来说"

如果中国文化是从西方传入的，那么就要满足两个条件：
1. 中国文明的源头不能在中国；
2. "彩陶之路"上的彩陶，应该是越往西年代上越早。

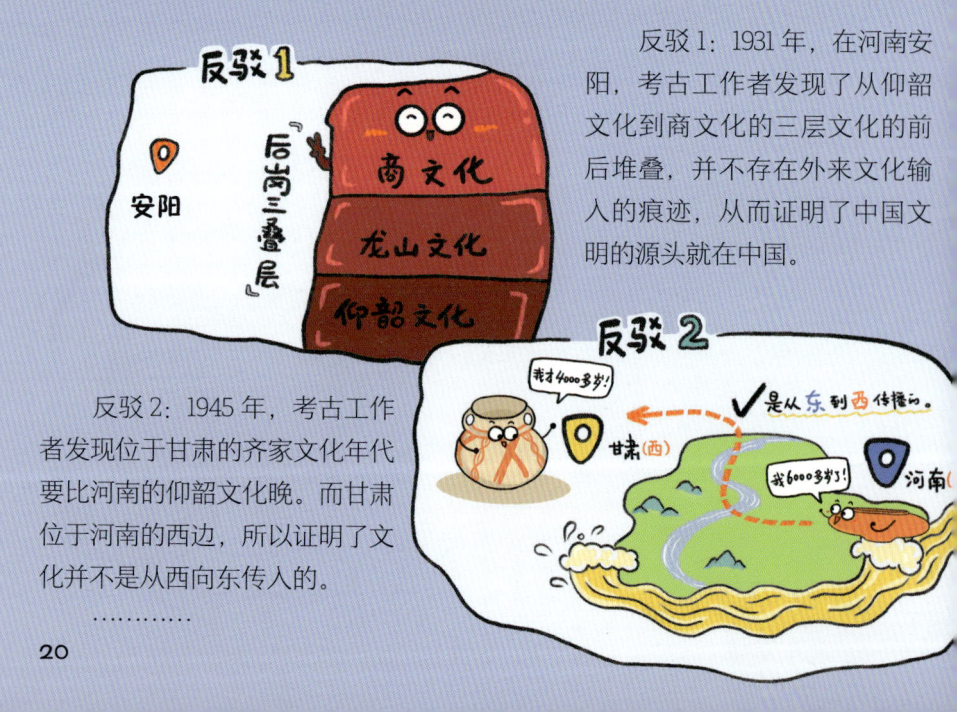

反驳1：1931年，在河南安阳，考古工作者发现了从仰韶文化到商文化的三层文化的前后堆叠，并不存在外来文化输入的痕迹，从而证明了中国文明的源头就在中国。

反驳1

安阳

"后岗三叠层"

商文化
龙山文化
仰韶文化

反驳2：1945年，考古工作者发现位于甘肃的齐家文化年代要比河南的仰韶文化晚。而甘肃位于河南的西边，所以证明了文化并不是从西向东传入的。
……

反驳2

我才4000多岁！

✓是从东到西传播的

甘（西）

我6000多岁！

河南

20

本土文化

因此证明了**仰韶文化**就是土生土长的**本土文化**。

没关系，谁都有失误的时候。

我判断错误了。

仰韶时期的人们
都是怎么生活的呢?

二、吃喝玩乐在仰韶

可以吃些什么呢？

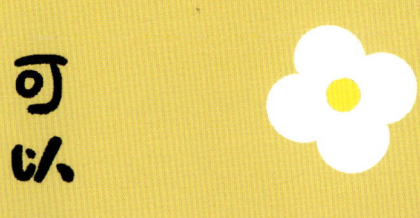

7000—5000年前的仰韶先民都吃些什么呢？

吧唧 吧唧 吧唧 吧唧

美味

大米

大米不是我们常吃的主食，但偶尔也会吃上一顿哟！

在制作陶器时，仰韶先民会故意在泥土中掺入稻壳，这样可以防止陶器开裂或变形。烧制完成后，稻壳会变黑，这就是夹炭陶。

中国目前发现的最早的水稻，距今已有 **1万多年**。

碳化后的水稻

晾晒

成为大米

水稻脱壳后就是大米。

脱壳

稻 大米。

粟 小米。

这些粮食都是仰韶时期的农作物，它们都需要脱壳后食用。

豆 豆类的总称

黍 黄米。

于是聪明的前仰韶先民发明了：

脱壳神器

国宝档案

姓名：石磨盘、石磨棒
年龄：7000多岁
出生地：河南新郑裴李岗遗址

工具的使用方法

总共分3步

1. 放上稻米
2. 掭（shēn）一掭
3. 完成分离

米粒　稻壳

最爱的主食

虽然，考古工作者在仰韶遗址中发现了水稻的身影，但是数量并不多，当时的人们最常吃的粮食其实是小米。

小米

美味

粟

读音：sù

去壳后叫小米，耐旱，适应性强，是中国北方的主要粮食作物之一。

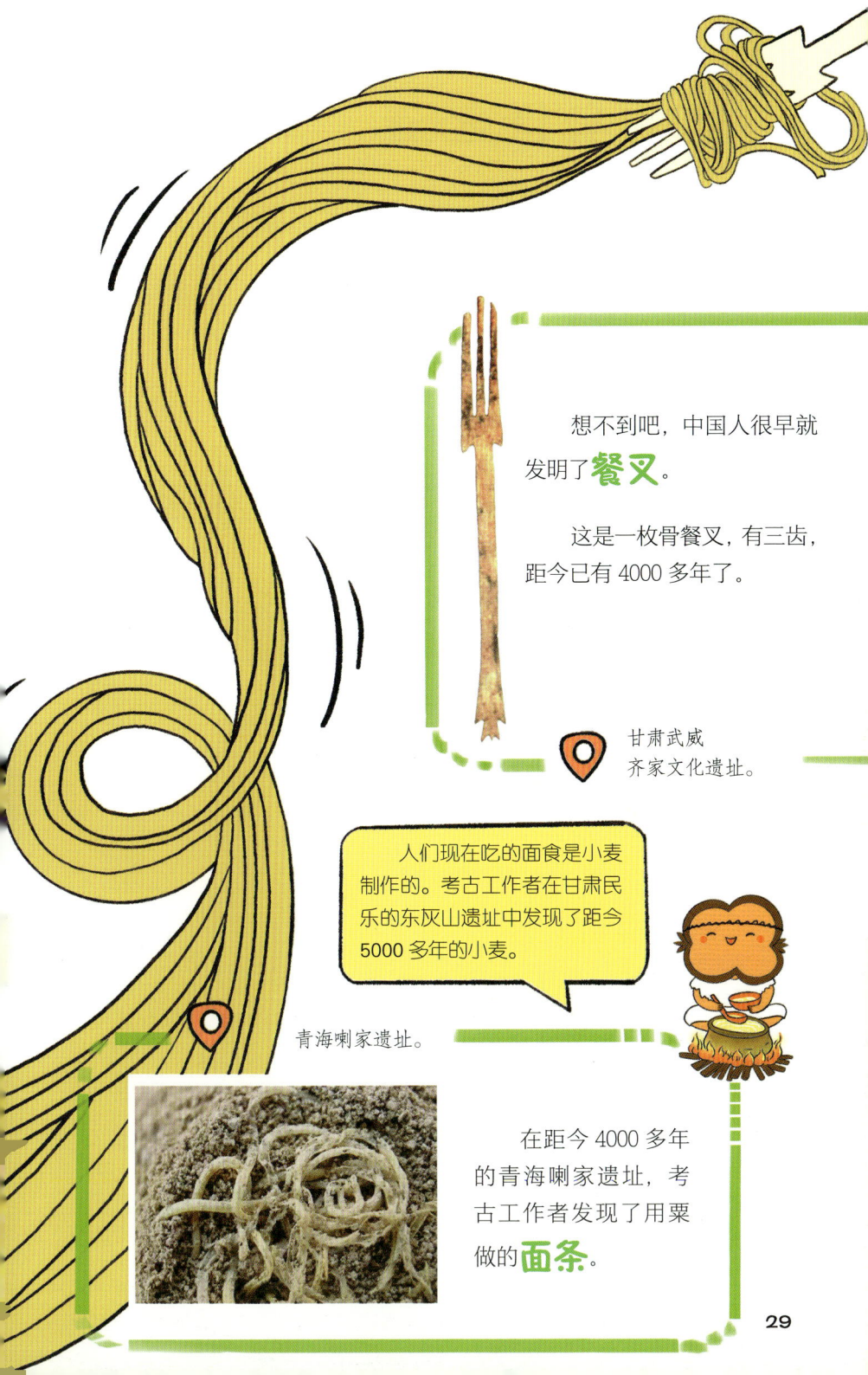

想不到吧，中国人很早就发明了**餐叉**。

这是一枚骨餐叉，有三齿，距今已有 4000 多年了。

甘肃武威齐家文化遗址。

人们现在吃的面食是小麦制作的。考古工作者在甘肃民乐的东灰山遗址中发现了距今 5000 多年的小麦。

青海喇家遗址。

在距今 4000 多年的青海喇家遗址，考古工作者发现了用粟做的**面条**。

小米的身世之谜

经研究,考古工作者发现了一个惊人的秘密——小米的祖先其实是狗尾草。

狗尾草

我的爷爷的爷爷竟然是狗尾草!

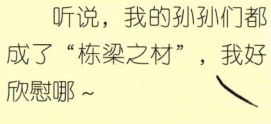

听说,我的孙孙们都成了"栋梁之材",我好欣慰哪~

狗尾草

粟

小米

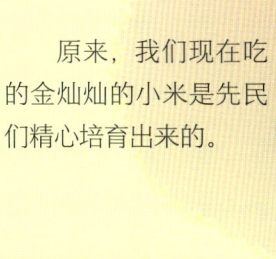

原来，我们现在吃的金灿灿的小米是先民们精心培育出来的。

好开心！
我有宝宝了！

就是——有点——越来越不像我。

狗尾草

粟

史前粮食保卫战

何以解忧，唯有美食！

随着农业的发展，仰韶时期的粮食产量有了明显的提高。

吧唧~ 吧唧~ 吧唧~

除了满足日常所需，粮食开始有了剩余，人们会将大量的粮食进行储藏，以备荒年。

"窖穴" 粮食

原来，好吃的都在这些洞里！

【窖穴】：

先民们会在地下挖好坑，利用燃烧的秸秆让地窖保持干燥的环境，这可以说是最原始的"粮仓"。

硕鼠硕鼠，
无食我黍！
——《诗经》

老鼠啊老鼠！不要再偷吃我的米了！

好了吗？

但是粮食不仅仅满足了人类，同时还吸引了老鼠等啮齿类动物的到访。

防守篇 1

面对这些"不速之客",仰韶先民展开了一场守护粮食的**"保卫战"**。

简单的驱赶根本不是办法。

先民们发现老鼠非常善于打洞和攀爬，于是制作出了这种造型奇特的陶瓮。

折肩小底大瓮

别看它"相貌"普通，实则暗藏玄机！

国宝档案

姓名：折肩小底大瓮

年龄：5000多岁

出生地：陕西西安杨官寨遗址

让我看看"玄机"在哪儿呢。

仰韶最佳设计奖

整个大瓮的造型像一个漏斗，表面光滑没有纹饰。每个设计都有着特别的用途，这还不得赢一个最佳设计奖？

1. 大口设计：

通风

扩大粮食与空气的接触面积，保持粮食的干燥，延长粮食的储存时间。

2. 光滑的斜坡设计：

防鼠

增加老鼠攀爬的难度。

3. 超级小的瓮底设计：

防潮

减少陶瓮与地面的接触面积，防止地面的潮气侵蚀粮食。

防守篇 2

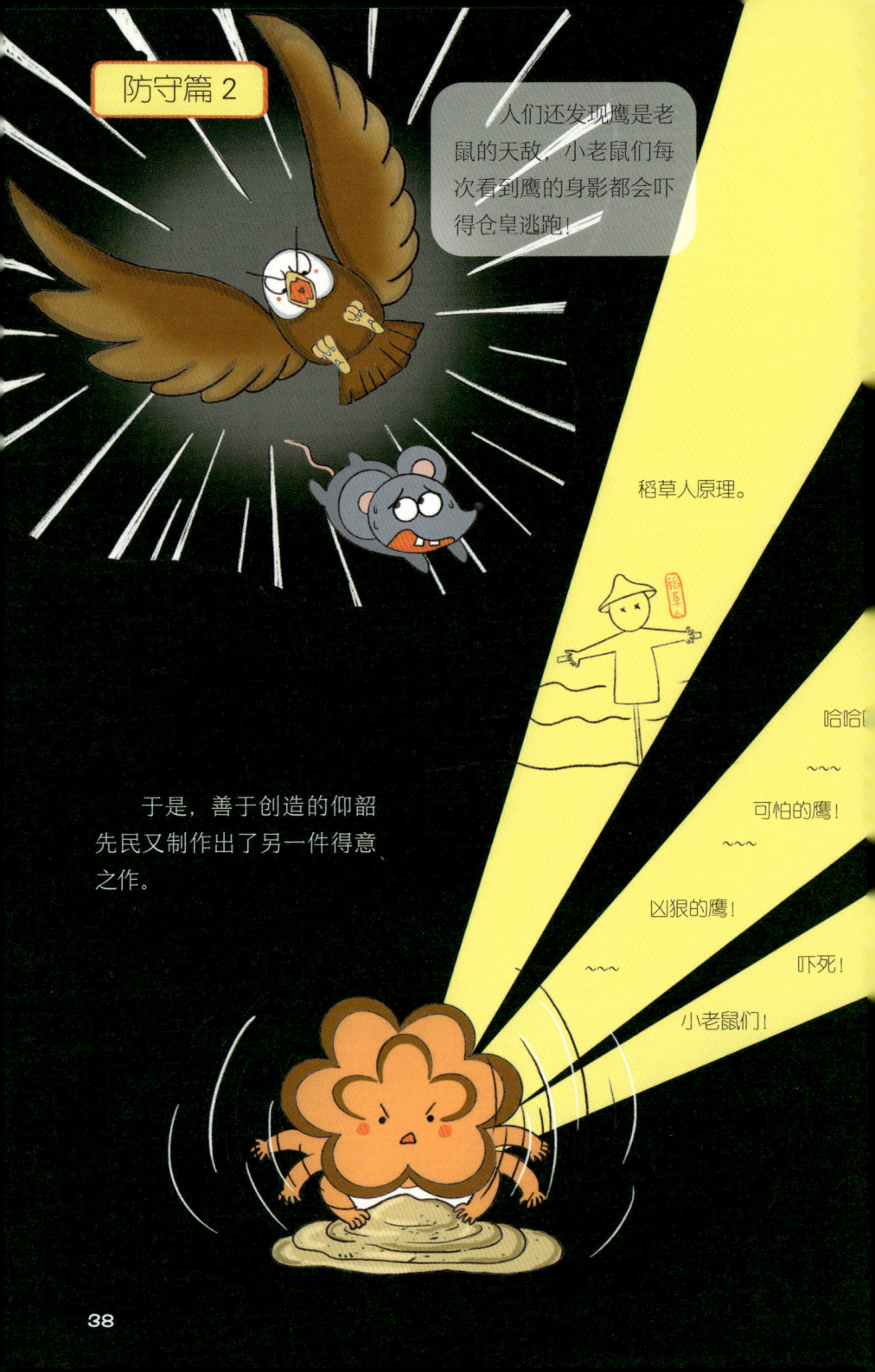

人们还发现鹰是老鼠的天敌，小老鼠们每次看到鹰的身影都会吓得仓皇逃跑！

稻草人原理。

于是，善于创造的仰韶先民又制作出了另一件得意之作。

哈哈！
~~
可怕的鹰！
~~
凶狠的鹰！
~~
吓死！
~~
小老鼠们！

> 我这手艺，舍我其谁！

鹰形陶鼎

国宝档案

姓名：鹰形陶鼎

年龄：6000多岁

出生地：陕西华县（今渭南市华州区）太平庄墓葬

> 呃……你确定？这只鹰的长相可以起到恐吓的作用？

主动出击篇

仰韶先民又发现了老鼠的另一个天敌——**狸**。

又来？

读音：lí

一种哺乳动物，起初是野生的，后来仰韶先民看它样子可爱，便养在了聚落里。

仰韶时期的狸，就是现在生活中家猫的祖先吗？

我们狸可是比这小猫凶狠多了呢！

喵~~

不是的哟！

大多数学者认为，今天我们生活中家猫的祖先其实来自古埃及、中东和古印度等地区，所以与仰韶时期的狸并没有血缘关系。或许是因为它们更容易被驯化，所以才被引进到中国，慢慢地取代了狸，成为我们如今家中的小萌宠。

既然这么凶狠，那就留下来替我们好好抓老鼠吧！

鼠鼠我呀！也太难了吧！

改善伙食的 N 种办法

打猎篇

仰韶先民们日常除了吃这些主食，当然也会吃肉喽，而他们获取肉的方法就是打猎。

噗

嘘~

什么声音？

制作打猎工具 1.0 版本

狩猎，就需要一些趁手的工具，当时最常见的工具就是石球。

这俩适合。

哈哈哈！你这技术还想打到我？

挑选适合的石头，然后打磨。

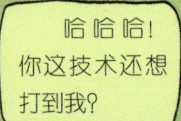

狩猎时，用石球抛掷击打猎物。

制作打猎工具 2.0 版本

一定是工具不行！

我得把工具升级一下！

可是这种简易石球的攻击力还是太弱，于是人们发明了：

流星索

用绳子系住石球，使用时将石球与绳索一同抛出，用来增强石球的攻击力。

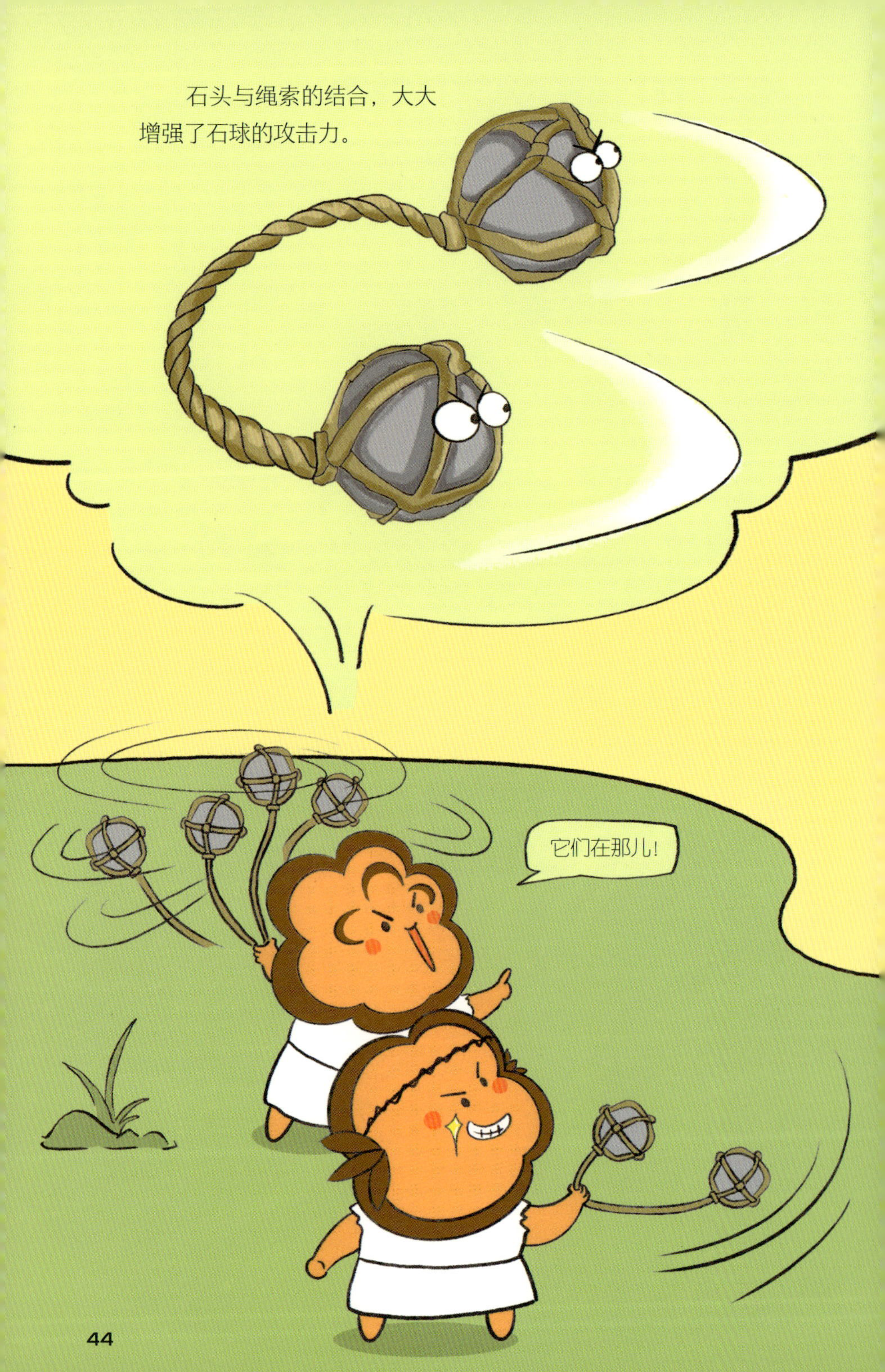
石头与绳索的结合，大大增强了石球的攻击力。
它们在那儿！

快跑!
人类变强了!

畜牧业开始啦

红陶兽形壶

俺也是小猪,来自山东。

哼哼哼~
你好~

猪纹黑陶钵

　　随着狩猎工具的不断改进和狩猎方式的不断进步,人们捕获的猎物越来越多,有些活着的猎物就被圈养了起来。新石器时代结束之前,传统的六畜——马、牛、羊、鸡、狗、猪,都已驯化成功。

捕鱼篇

投叉击刺

仰韶时期，人们捕鱼的工具也是多种多样的，最常见的是骨、石、角制的箭头。

这个陶网坠，就是专门系在网的尾端，使渔网下沉。

仰韶先民通常采用钓、叉、网、捞的方法，获取大量水生动物作为食物。

垂钓

黄河

彩陶中常见的鱼纹和渔网纹，就是人们捕鱼的真实写照。

渔网纹。

瓜果蔬菜通常以采集为主。如橡(xiàng)子、菱角、榛子、栗子、松子等，在仰韶时期都是可以吃到的食物。

橡子

我想要那一颗！

菱角

松子

可制糖

甜菜

仰韶先民也会吃些鸟蛋、蜂蜜、昆虫等来解解馋。

当时已经有了简单的农业，先民们学会了栽培一些蔬菜，如甜菜等。

采集篇

农具

仰韶时期的农具，多为磨制的石器，也有一些木器、骨器和蚌器等。

人们将吃剩的植物种子扔在住处的附近，发现有发芽、开花、结果的现象，这就是最初的农业。

49

令人沉醉的饮品

粮食的富足,催生了一种令人沉醉的美味饮品——酒。

啊!粮食坏掉了!都变成液体了!

要吃坏肚子的!

这样丢掉好可惜啊!

但是你别说,这味道还真不错呢!

是不是可以不丢了?

或许就是一次偶然的发现，粮食在适当的温度、水分等条件的作用下发酵后产生了酒，从此便一发不可收。

中国最早的酒被首次发现就在这个尖底瓶中。

尖尖的瓶底有妙用

为什么这个瓶底要做成尖尖的啊？这根本就立不住啊！

尖底瓶用途猜测一：酿酒

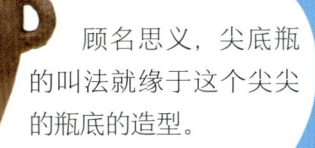

顾名思义，尖底瓶的叫法就缘于这个尖尖的瓶底的造型。

国宝档案

姓名：小口尖底瓶
年龄：6000多岁
出生地：陕西西安半坡遗址

葡萄酒

同样的尖底瓶，也出现在了古埃及的壁画上，那是专门酿造葡萄酒用的。

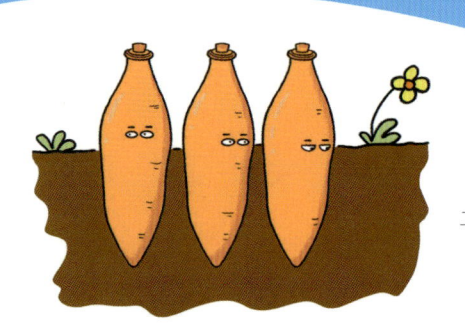

其实，尖底瓶是埋在土里使用的！

陶制瓶塞

要知道，特别的造型，必定有特别的用途！

小口的设计既利于密封，又避免了酒精的挥发。

尖底的设计利于酒糟的沉淀。酒糟，是酿酒过程中产生的残渣。

原来，大人们爱喝的酒是用粮食酿造的！

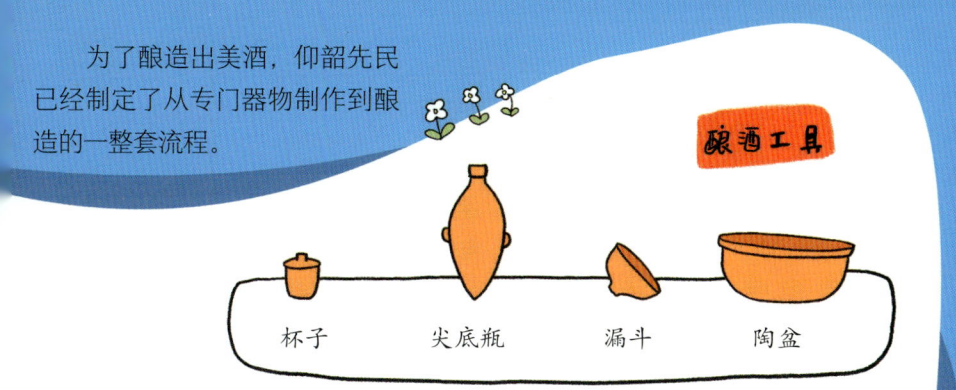

为了酿造出美酒，仰韶先民已经制定了从专门器物制作到酿造的一整套流程。

酿酒工具

杯子　　尖底瓶　　漏斗　　陶盆

酿酒流程

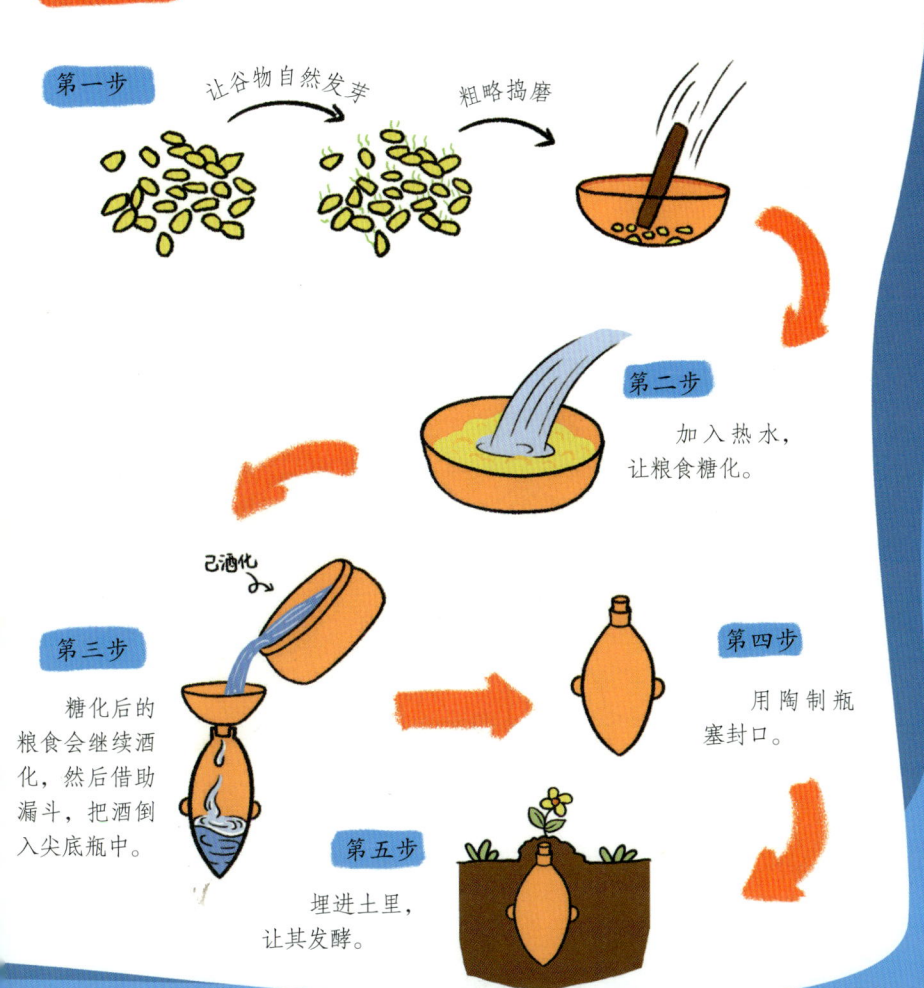

第一步

让谷物自然发芽　　粗略捣磨

第二步

加入热水，让粮食糖化。

第三步

糖化后的粮食会继续酒化，然后借助漏斗，把酒倒入尖底瓶中。

已酒化

第四步

用陶制瓶塞封口。

第五步

埋进土里，让其发酵。

小心喝醉了!

不会的,再来一杯。

美酒虽好,但不能贪杯哟!

饮酒过度,人会产生一种晕晕的感觉,也就是喝醉了。

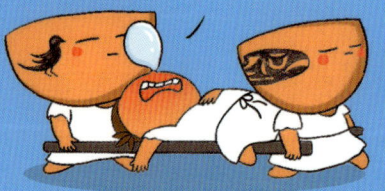

好晕,我好像看见我太爷爷了。

在蒙昧时期,人们并不知道致幻是酒精引起的。因此,酒被赋予了一种神秘的色彩,仰韶先民认为酒是一种可以和祖先、神灵沟通的媒介。

礼器

盛酒的器皿则变成了祭器与礼器。随着彩陶的发展，彩陶瓶的身上也被画上了各种图案。

有耳朵

无耳朵

所谓"无酒不成礼"，饮酒活动的开展，促成了"酒礼"的兴起。西周初年的《酒诰》明确记载了酒的用途——"饮惟祀"，就是在祭祀等特定活动中才能饮酒。

国宝档案

姓名：人头形器口彩陶瓶
年龄：5000多岁
出生地：甘肃秦安大地湾遗址

我俩长得有点像哟！

商周时代刻在龟甲兽骨上的文字我们称为甲骨文。

尖底瓶　　甲骨文　　酒（小篆）→ 酒（楷书）

尖底瓶与酒的联系在甲骨文中就已经显露端倪。

温馨提示：
小朋友不准饮酒哟！

尖底瓶用途猜测二：

汲水

就是从下往上打水。

①给尖底瓶系上绳子。

②将瓶子沉入水中。

③轻轻按压，使瓶子倾倒，让水流入瓶中。

④水满后，让瓶子慢慢立起来。

⑤打水完成，将瓶子提出水面。

为友谊干杯

为了我们的友谊，干杯！

仰韶时期，各个部落之间也会经常举行大型聚会，用来增进彼此的友谊，因此饮酒自然是必不可少的。

仰韶先民会使用这种象征友谊的酒杯。

彩陶双连壶

国宝档案

姓名：彩陶双连壶
年龄：5000多岁
出生地：河南郑州大河村遗址

可是，为什么要用这个壶来证明友谊呢？

我要去这边！

我要去这边！

有人！

收！

我们是友谊见证官，竭诚为您服务！

有学者认为，这个双连壶中间是**连通**的。

你不要在里面吐泡泡！

有一个说法是：
为了防止对方投毒！这样就能保证彼此喝的是同一壶酒。

在遥远的古代，当两个部落举行重大礼仪活动时，部落首领和长者会使用双连壶共饮，作为一种友好的象征。

让我们有福同享，有难同当！

我看着你喝完！

可以穿些什么呢?

在距今 7000 年到 5000 年的仰韶时代,我们的先民会穿成什么样呢?

"穿着树叶兽皮,围着篝火跳舞",这可能是大多数现代人对仰韶先民的刻板印象。

今天穿哪片叶子呢?

陶陶,咱们有衣服穿啦!

其实,仰韶先民在当时已经织出了轻而薄的布,还做出了合身的衣服。

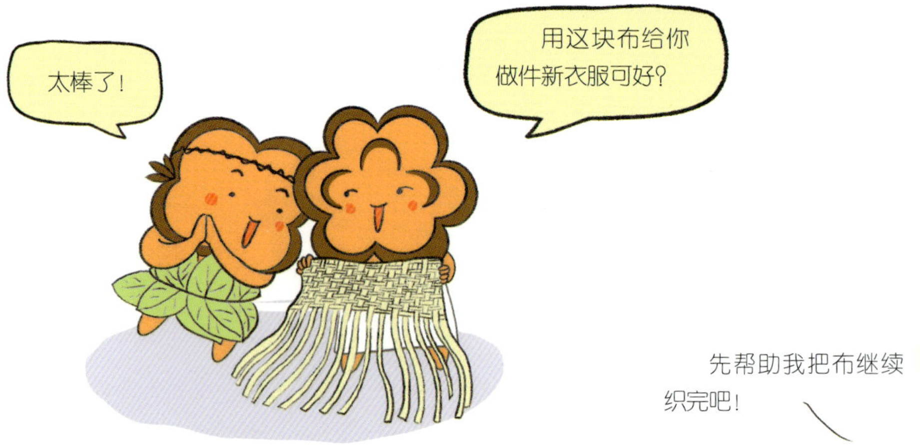
太棒了！
用这块布给你做件新衣服可好？
先帮助我把布继续织完吧！

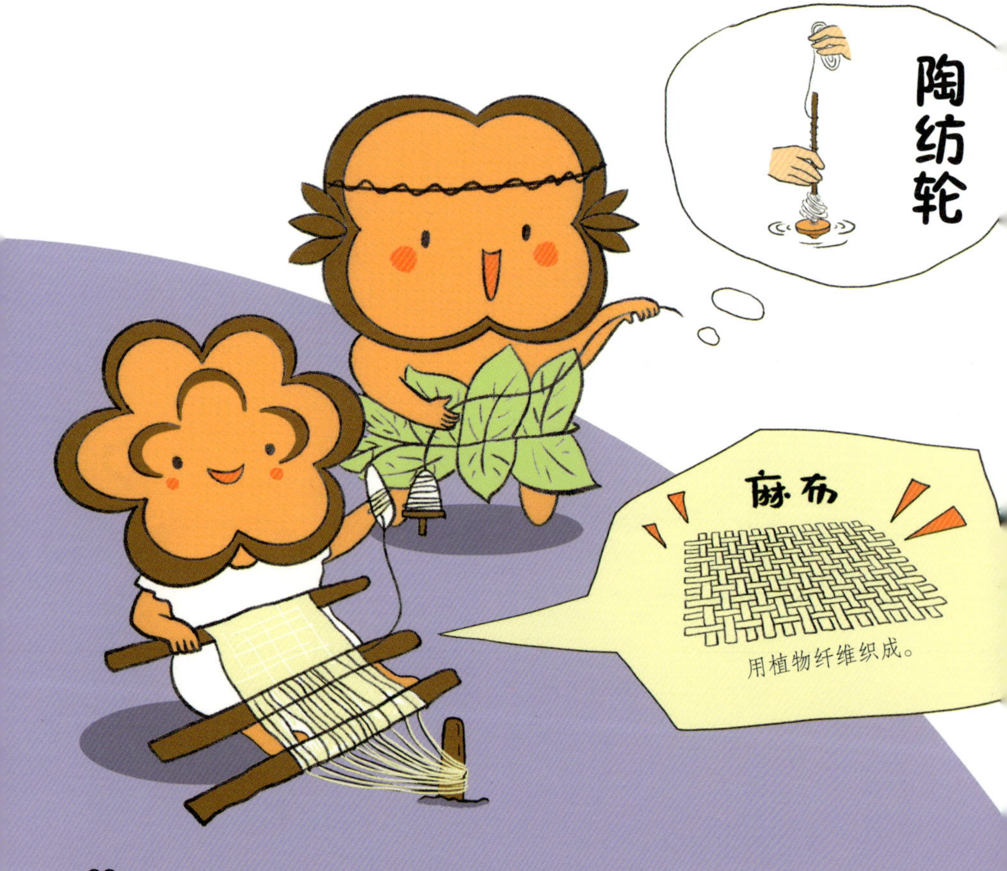
陶纺轮
麻布
用植物纤维织成。

等一下,不是这样穿的!

有点憋气!

衣服做法步骤

第一步: 用石刀在布中间挖洞。

▲ 注意:洞要比脑袋大一圈。

第二步: 脑袋从洞中穿过去,穿上"贯头衣"。

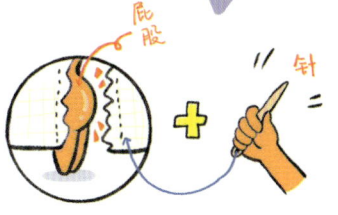

第三步: 用骨针把衣服两侧缝起来。

我有新衣服啦!

第四步: 将麻绳系在腰间做腰带。

67

传说是嫘（léi）祖发明的养蚕取丝的方法哟。

仰韶时期可不仅仅只有麻布哟！其实，那时的人们已经会养蚕制绸了。

切割蚕茧
距今 6000 多年
山西夏县西阴村遗址

蚕蛹

蚕茧

蚕茧抽丝剥茧后成为蚕丝，经过纺织后就是丝绸。

中国可是最早用蚕织绸的国家,自古就有"丝国"的美誉。著名的"丝绸之路",起初就是以运输丝绸为主的。

④蚕蛹羽化成蛾。

有关仰韶先民养蚕织丝的证据不断被发现。

③蚕宝宝破茧而出,成了蚕蛹。

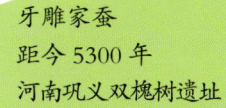

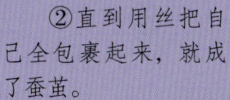

②直到用丝把自己全包裹起来,就成了蚕茧。

(丝绸原料)

牙雕家蚕
距今 5300 年
河南巩义双槐树遗址

①成熟的蚕宝宝开始吐丝作茧,把自己包裹起来。

丝绸
距今 5600 年
河南荥阳青台遗址

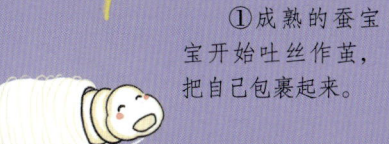

小小饰品真好看

人们似乎天生就对美有追求。有了衣服，还需要用饰品装饰自己。

贝壳耳饰

陶制手环、臂环

靴子

骨质项链

好漂亮！

兽牙、石珠、骨头、贝壳、蛋壳等，经过简单的修整、打磨、穿孔，就成了最初的饰品。

我再给你做一个！

骨珠项链

从各种精美的发簪上就能看得出来,当时的人们对于发型的重视程度一点不亚于现在的我们呢!

喜欢吗?

喜欢!

国宝档案

姓名:镶骨珠骨簪
年龄:4000多岁
出生地:甘肃永昌鸳鸯池遗址

考古发现的大量骨梳,有的只有4齿或5齿,或许梳子的发明就是受到手指的启发呢。

国宝档案

姓名:镂雕旋纹象牙梳
年龄:4000多岁
出生地:山东泰安大汶口遗址

可以住在哪里呢？

距今 7000 年到 5000 年前，仰韶先民住的又是什么样的房子呢？

山顶洞人

发明农耕以后，人们已经从穴居走向了地面，最常见的就是这种半地穴式房屋。

房屋侧切面图

当时的房屋样式多种多样，有圆形的、方形的，面积也大小不等。

半地穴式房屋：
一半建在地上，
一半建在地下。

仰韶"大会堂"

仰韶时期的大房子面积甚至超过了500平方米，人们推测这种大房子应该主要是供大家举行大型聚会或者会议时使用的。

糟了！
快救火！

烧出来的房子

快住手！
这火是我故意放的！

为什么？放火和盖房子有什么关系？
你们灭掉了我放的火，就是把我刚盖的房子毁掉了！
放火是为了让我的房子更坚固！
强壮
这是不是和烧制陶器的原理一样？
盖了那么久的房子，现在……
交给我俩吧！我们重新盖一间房屋给你！

盖一间半地穴式房屋

60平方米,够了不?

好累哟!

第一步:挖一个大坑,坑的大小就是房屋的大小。

第二步:在坑的周围打上一圈柱子。

第三步:将一些草泥糊在木桩上,等待风干。

第四步:点燃泥桩。这样烧制后的墙壁会变得坚硬。

哇……谢谢你们!

不客气呀!

第五步:搭上屋顶,房子就盖好了。

这种房屋可以抵挡风雨，防寒取暖。

出来玩吗？

对于现代人来说，获取火种是一件轻而易举的小事，但对于古人来说，取火却是一件非常不容易的事情。

人们通常会在通道处挖一个小圆坑，用来保存火种，这个小圆坑被称作火塘。

粮食越来越少了。

史前"打火机"

开放式的火塘很容易引起火灾,于是聪明的仰韶先民发明了这种专门用来保存火种的容器——火种器。

火种器

国宝档案

姓名:火种器

年龄:5600多岁

出生地:河南洛阳孟津寨根遗址

把小孔都堵上，就可以让火处于一种"休眠"状态。

这件仰韶时期的火种器是目前我国发现最早的人类储存火种的容器。

太厉害了！

用火的时候，对着这个小孔轻轻吹气，火就会复燃了。

它便捷、实用，不仅降低了火灾的发生率，还很方便携带。

现在随时随地都可以吃烧烤啦。

火的使用，使人类随时都可以吃到熟食，以减少疾病、促进大脑的发育和身体的进化。

可以**玩**些什么呢？

7000年前仰韶先民的娱乐生活是什么样子的呢？

摇摆~

跟我一起~~ 摇摆~

摇摆~

舞蹈是人们表达感情的一种方式，与音乐结合在一起，是人类历史上最早产生的艺术形式之一。

先民们通常会围着火堆，伴着音乐，跳舞唱歌。

舞蹈纹彩陶盆

史前的音乐，现在的我们已经听不见了，或许我们可以通过留下来的乐器，感受当时的氛围。

中国最早的乐器

国宝档案

姓名：陶埙（xūn）
年龄：7000多岁
出生地：陕西西安半坡遗址

有人推测，先民们在用石头投掷猎物时偶然发现有空腔的石头会在空中发出哨音，由此获得灵感，造出了埙。

国宝档案

姓名：贾湖骨笛
年龄：8000多岁
出生地：河南舞阳贾湖村遗址

骨笛是用鹤类动物的尺骨锯去两端关节钻孔而成的。

乐器、舞蹈都源自古代劳动人民的生产和生活。

龟壳中放入石块，摇动时可以发出声音。

骨哨可以模拟动物的声音，吸引动物，将其捕获。

国宝档案

姓名：骨哨
年龄：5000多岁
出生地：河南灵宝西坡遗址

这个铃铛好像葫芦啊！

陶铃是新石器时代的乐器，类似现在的沙锤，受质地影响，铃声并不十分清脆。

国宝档案

姓名：叶形纹彩陶铃
年龄：4800多岁
出生地：甘肃广河祁家集遗址

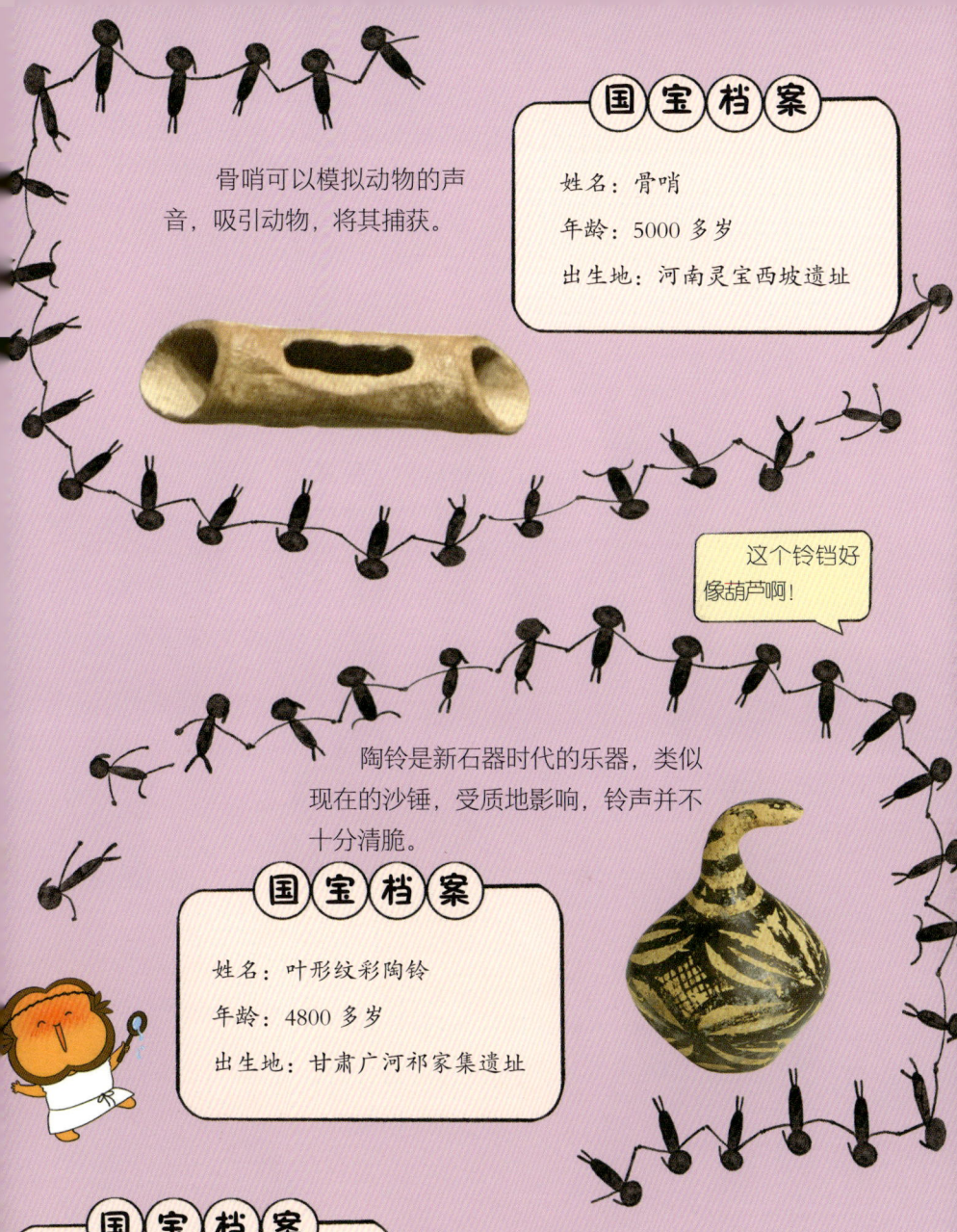

国宝档案

姓名：龟甲响器
年龄：8000多岁
出生地：河南新郑裴李岗遗址

你有没有好奇过我们为什么被称为"华夏民族"？又为什么被称为"炎黄子孙"或"龙的传人"？

我们是花人~

听说解读这些答案的密码就在那一片片尘封已久的陶片上……

三、彩陶的前世今生

泥巴的神奇变身

泥巴怎么那么硬，把我的牙都硌掉了！

人们偶然发现，被火烧过的泥巴会变得很硬。于是便用泥巴捏成了不同的形状，烧制后就成了**陶器**。

是人类创造了我！

① **和** 水加泥，和成软硬适中的泥巴。

② **搓** 搓成长条。

③ **盘** 盘成器皿状。

④ **修** 修整光滑。

⑤ **烧** 烧制成型。

盘筑法

陶器的制作步骤：
① 和
② 搓
③ 盘
④ 修
⑤ 烧

中国发现的最早的陶器

国宝档案

姓名：陶器

年龄：10000多岁

出生地：江西万年仙人洞遗址

彩陶出现啦!

彩陶就是化妆以后的陶器。

红陶
黑陶
灰陶
黄陶

泥土颜色不同,烧制出来的陶器颜色也会不同。

把我也画进去呗!

原来我就是这么被画出来的呀!

仰韶先民们并不满足单一颜色的陶器,为了让陶器更好看,他们便开始在各种形状的陶器上画画,于是就有了**彩陶**。

我是素陶。

我是彩陶。

这是仰韶时期的彩绘工具：

研磨棒

水杯

颜料

石砚

国宝档案

姓名：彩绘工具
年龄：6000多岁
出生地：陕西西安姜寨遗址

研磨棒、石砚、颜料，涮笔的水杯都准备好了。
对了，笔呢？

笔呢？

难道是用手指画的？

至今，考古工作者都没有发现"笔"的实物。但我们从这些彩陶表面的笔触痕迹就能看得出，仰韶先民用的是类似毛笔这样的工具绘制的彩陶花纹。

木木的笔锋

我也来画一画。

所以，是有"毛笔"的！

人们推测，当时制作毛笔的材料是狼、鹿等动物的毛发或植物纤维。

陶窑

仰韶先民的制陶技术越来越成熟，陶窑的出现加速了彩陶的发展。

是先烧制还是先绘制呢？

其实都可以的。

先绘制，后烧制，叫彩陶。
先烧制，后绘制，叫彩绘陶。

画了些什么呢？

仰韶先民最初可能只是点了一个点，或者画了一条曲线，又或是随心所欲地画出了自己喜欢的花纹，如今这些却成了我们努力想要看懂的世界。

彩陶上的纹饰可以分为四类：

①几何纹饰
②动物纹饰
③植物纹饰
④人物纹饰

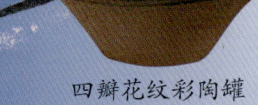

八角星纹彩陶

刻符彩陶钵

波折纹彩陶盆

四瓣花纹彩陶罐

几何纹饰

动物纹饰

鱼鸟纹彩陶葫芦瓶

鲵鱼纹彩陶瓶

植物纹饰

花瓣纹彩陶瓶

花卉纹彩陶盆

人物纹饰

眼目纹彩陶钵

他们通常是看到什么就画什么，比如：抬头望天，画出了太阳；低头看河，画出了小鱼……

93

半坡小鱼变变变

距今7000—6000年前的"半坡文化"

住在河边的仰韶先民，经常可以看到小鱼，于是就在陶盆上画了小鱼。

位于陕西西安东郊半坡村。

我有了绘画的灵感！

鱼纹，是半坡文化中最具代表性的一种纹饰。

国宝档案

姓名：人面鱼纹彩陶盆
年龄：6000多岁
出生地：陕西西安半坡遗址

人面鱼纹彩陶盆，可是我国禁止出境展览文物之一哟！

具象鱼纹彩陶盆

是不是有点越画越偷懒了~

双鱼纹彩陶盆

> 半坡文化中的鱼纹,从最初写实的鱼纹,慢慢地变成了抽象的几何纹样。

变体鱼纹彩陶盆

96

变变变！

变体鱼纹彩陶盆

我也是鱼纹哟!

人们说,这个时候的"鱼纹",有点现代"立体主义"的画风呢!

小朋友们,再次见到它们时,你们能认得出哪些是鱼纹吗?

隐形的翅膀

距今6000—5500年前的庙底沟文化

小鱼在彩陶上肆意地遨游，慢慢地从它们的身体里飞出了小鸟。

《庄子》中就有记录鱼鸟之变的故事："北冥有鱼，其名为鲲。鲲之大，不知其几千里也；化而为鸟，其名为鹏。"

哈哈哈！小鱼居然变成了鸟。

位于河南三门峡庙底沟。

彩陶上面有我的样子哟!

国宝档案

姓名：鸟纹彩陶钵

年龄：6000多岁

出生地：陕西华县（今渭南市华州区）泉护村遗址

隐身术

具象的小鸟慢慢变成了抽象的圆点和弧线。

国宝档案

姓名：鸟纹彩陶钵
年龄：6000多岁
出生地：河南三门峡庙底沟遗址

干吗把我隐身了？

国宝档案

姓名：鸟纹彩陶钵
年龄：6000多岁
出生地：河南三门峡庙底沟遗址

隐身后的鸟纹，你还认得出来吗？

国宝档案

姓名：鸟纹彩陶钵
年龄：6000多岁
出生地：陕西华县（今渭南市华州区）泉护村遗址

你发现了吗? 方向

为什么画在彩陶上的小鱼和小鸟的脑袋都是朝向右边的？你们觉得这是为什么呢？

鱼纹彩陶盆

鸟纹彩陶钵

为什么我画的小鱼和小鸟的脑袋，都是习惯朝左的呢？

左

鱼纹彩陶盆

鱼纹彩陶盆

向右~向右~
向右~向右~
向右~向右~

鸟纹彩陶盆

画一画

小朋友们，你们画小鱼或是小鸟时，让它们的脑袋朝向哪个方向更顺手呢？就画在下面这个区域吧~

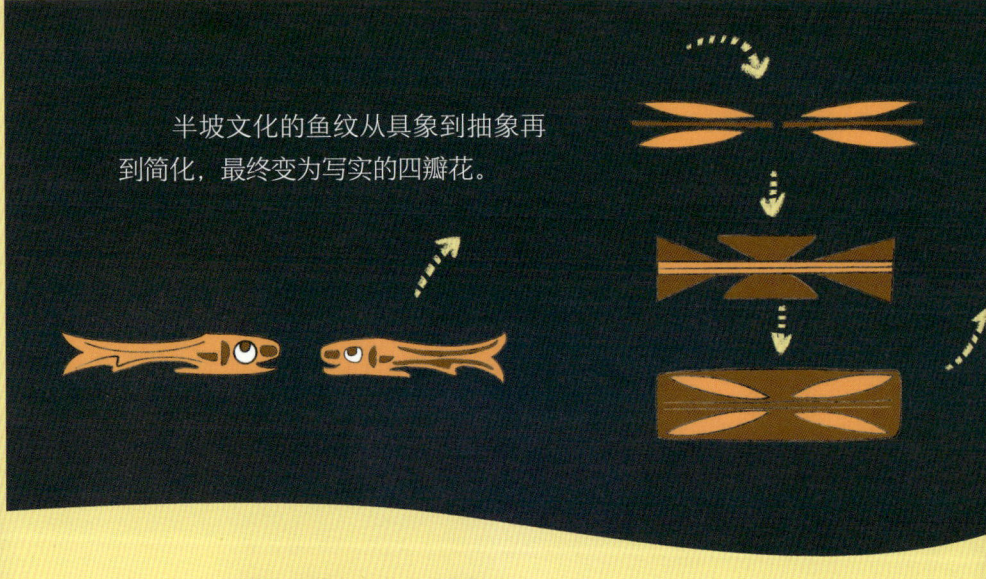

半坡文化的鱼纹从具象到抽象再到简化，最终变为写实的四瓣花。

庙底生花

继半坡文化的鱼纹彩陶和庙底沟文化的鸟纹彩陶之后，黄河流域的花卉纹彩陶逐渐出现在人们的生活中，一举成为最具有代表性的花纹。

彩陶纹样从之前的"鱼鸟相争、相融"到"花"这个主题，第一次达成了共识。两两相连的五瓣纹花朵，彼此之间共用一片花瓣，体现了中华文化在传播过程中你中有我、我中有你的交融状态，这是中华民族文化上的第一次大融合。

庙底沟文化的鸟纹，则从具象到抽象，再演化为以弧线三角为主要构图元素的抽象花卉。

当神话照进现实

你可曾想过,中国人为什么被称为"炎黄子孙"?

我不服!

《山海经》

在先秦地理名著《山海经》中就记载了炎帝黄帝的形象。

有学者认为,鱼纹彩陶印证了半坡人以"崇鱼"为内涵的原始信仰,炎帝后人"人面鱼身"的形象也体现了"崇鱼"的理念。庙底沟文化丰富的鸟纹彩陶和鸟形陶塑,与黄帝部落以猛禽为旗帜的情况吻合。

我美吗?

氐人

明·蒋应镐《山海经(图绘全像)》

《山海经》中说氐人是炎帝之孙,人面鱼身,没有脚。

鱼纹彩陶瓶

鸟纹彩陶盆

你俩缠住我脚了!

禺䝞
yú xiāo

《山海经》中说禺䝞是黄帝之子,人面鸟身,双耳贯穿二蛇。

青·汪绂(fú)《山海经》

不服来战!

黄帝

传说中,炎帝、黄帝分别是上古时期两大部落的首领。

炎帝与黄帝两大部落在阪泉打了三仗，最终黄帝胜出，形成了炎黄联盟。
原来，炎帝与黄帝是我们的祖先啊！
住手，我输了！！
炎帝

黄帝

更巧的是，有一件彩陶上就记录了"鱼"和"鸟"相争的画面，这个鹳鱼石斧图彩陶缸上的画面很明显记录的就是"鸟"战胜了"鱼"。

国宝档案

姓名：鹳鱼石斧图彩陶缸
年龄：6000多岁
出生地：河南汝州阎村遗址

打了胜仗的黄帝,被拥戴为部落联盟的领袖,又经过大大小小的征战,形成了华夏部落联盟。

华夏民族诞生啦!

经过夏、商、周三代的融合,华夏族便正式形成了。

巧合一:
传说中"炎黄"互动、"华夏"建立的时代,恰恰是庙底沟文化兴盛与扩展的时期。

我们是一家人~

相亲相爱的一家人~

如果说,"鱼"是炎帝部落的图腾,"鸟"是黄帝部落的图腾的话,那么花卉纹的出现就是两个部落集团融合的标志。

国宝档案

姓名:花瓣纹彩陶盆
年龄:5000多岁
出生地:河南三门峡庙底沟遗址

国宝档案

姓名:花卉纹彩陶盆
年龄:5000多岁
出生地:河南三门峡庙底沟遗址

我们都是花人

金文："华"

古时候，"花"与"华"通用。我们的中华民族或许就是从"花"开始。

陕西黄龙西山

花卉纹彩陶自出现以来，便以强劲的势头向周围扩散。

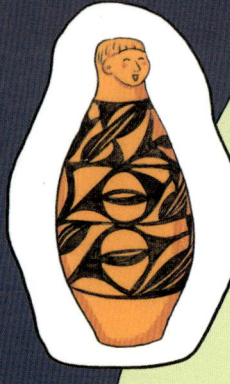

甘肃秦安大地湾

我们是花（华）人~

巧合二：
黄帝成为天子后，曾远游全国，他的足迹竟与花卉纹彩陶分布区域惊人地相似。

辽宁凌源牛河梁

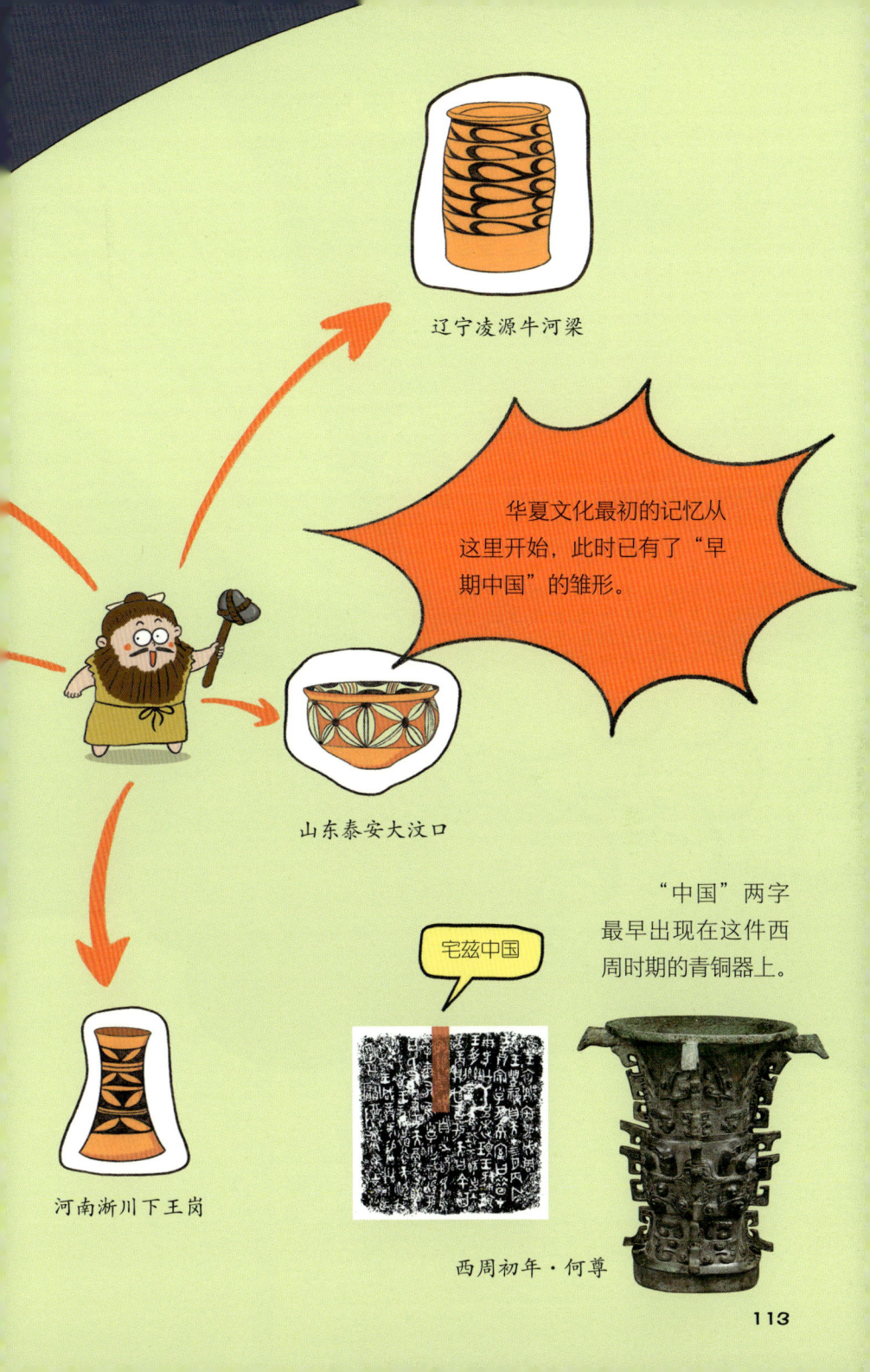

华夏文化最初的记忆从这里开始，此时已有了"早期中国"的雏形。

山东泰安大汶口

"中国"两字最早出现在这件西周时期的青铜器上。

宅兹中国

河南淅川下王岗

西周初年·何尊

龙的传人

我们中国人常称自己是"龙的传人",但龙到底是什么呢?

龙是我国古代传说中的神异动物。常说龙有"九似":"角似鹿,头似驼,眼似兔,项似蛇,腹似蜃,鳞似鱼,爪似鹰,掌似虎,耳似牛。"

起初，人们把龙视为主宰风雨的神灵加以崇拜，认为当龙听到祈祷时，就会为人间带来雨水，为农田灌溉。

传说中，龙是从鱼演变而来的，并有很多鱼龙幻化的故事，如鲤鱼跃龙门。

龙身上的鳞片就像鱼鳞。

半坡文化彩陶鱼纹的另一种解读，便是"龙的雏形"。

后来，龙被引入政治中，成为王权的象征。

此刻开始，我就代表了王权。

国宝档案

姓名：彩绘蟠龙纹陶盘
年龄：4000多岁
出生地：山西襄汾陶寺遗

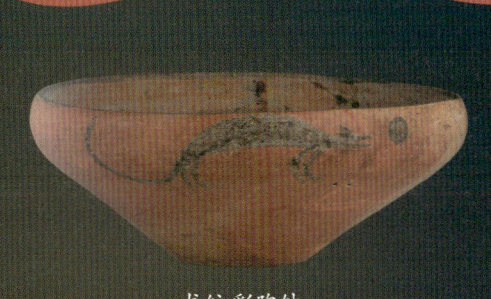

龙纹彩陶钵

龙的形象其实早在遥远的史前时期就已经产生了，经过不断的演变才成为今天我们所看到的样子。

国宝档案

姓名：玉猪龙
年龄：5000多岁
出生地：辽宁朝阳牛河梁遗址

在距今5600年左右的红山文化中，发现了玉猪龙。

辽宁牛河梁积石冢墓

彩陶的小秘密

看了这么多彩陶,你有没有发现它们还有一个特别的地方:它们的图案通常会被画在陶器的上半部。

这里是我的腰。

在当时的生活中,人类还没有发明出高脚的座椅板凳,因此这些瓶瓶罐罐通常是放在地面上制作的。人们无论是站着还是坐着,视线范围都是集中在器物的上半部,所以人们就把花纹画在他们更容易看到的位置。

站的角度不同，看到的内容不同哟！

①平视：眼睛与物品在同一水平线上。

②俯视：眼睛高于物品。

③仰视：眼睛低于物品。

这个角度只能看见陶罐的上半部分。

哈哈哈，这个角度就可以看见陶罐的下半部分了。

彩陶也有小缺点

缺点一：**易碎**

解决办法：**修补**

这个工艺像现代的——锔。

1. 在两块碎片上分别钻上孔。

2. 用麻绳把碎片系在一起。

锔 读音：jū

用锔子接补有裂缝的器物。锔子，用铜或铁打成的扁平的两脚钉。

我的粥怎么变成饭了?

缺点二：**易吸水**

解决办法：
　　易吸水的问题,在仰韶时期并没有被解决,后来人们发明了"釉水"的制作工艺,这个难题才被解决。

变得好精致呀!

元代　青花云龙纹梅瓶

小朋友，快拿起手中的笔，化身仰韶小陶匠吧！

四、彩陶创想游戏

继续画一画吧!

四瓣花纹

四瓣花纹慢慢地演化成了代表吉祥的柿蒂纹。

柿蒂纹

柿蒂纹,顾名思义,是指所使用的图案与柿子尾部四片叶子的蒂相似,有"万事如意"或"事事如意"的吉祥寓意。

柿蒂纹起源于战国,盛行于汉代。战国时期柿蒂纹多出现在铜镜和玉器上。

还有五瓣、六瓣等多瓣的花纹彩陶。

图书在版编目（CIP）数据

何以华夏：画说彩陶上的文明密码 / 周凡舒著.
郑州：河南美术出版社，2024. 10. -- ISBN 978-7-5401-6706-6

Ⅰ. K876.3-49

中国国家版本馆 CIP 数据核字第 20248C4S32 号

何以华夏：画说彩陶上的文明密码

周凡舒　著

出 版 人：王广照
选题策划：康　华　王　昕
责任编辑：董慧敏
责任校对：裴阳月
责任设计：书籍/设计/工坊 刘运来工作室　徐胜男
责任印制：李跃奇
出版发行：河南美术出版社
地　　址：郑州市郑东新区祥盛街27号
电　　话：（0371）65788198
印　　刷：河南瑞之光印刷股份有限公司
开　　本：889mm×1194mm　1/32
印　　张：4.375
字　　数：43.75千字
版　　次：2024年10月第1版
印　　次：2024年10月第1次印刷
书　　号：ISBN 978-7-5401-6706-6
定　　价：48.00元